LEGENDÄRE FUSSBALL MOMENTE

– DAS QUIZ –

100 Fragen

moses.

IMPRESSUM

1. Auflage 2024
moses. Verlag GmbH
Arnoldstraße 13d
47906 Kempen
Fon 02152-209850
Fax 02152-209860
Mail: info@moses-verlag.de
www.moses-verlag.de

ISBN: 978-3-96455-291-4

Text: Knut Krüger
Layout, Typographie & Satz: Silke Klemt
Herstellung: Nicole Bienia
Redaktion: Geesche Oetken
Dieses Werk wurde vermittelt durch Agentur Brauer.

Printed in China.

BILDNACHWEIS

Box: imago-images.de: IMAGO / Ulmer/Teamfoto (o. l.); IMAGO / Ferdi Hartung (o. r.; m. l.); IMAGO / Moritz Müller (m. r.); IMAGO / Fred Joch (u. r.). picture-alliance.com: picture-alliance / Pressefoto ULMER | Pressefoto ULMER/Florian Eisele (u. l.). Karten: imago-images.de: IMAGO / ZUMA Wire (WM 1950); IMAGO / Ferdi Hartung (Wembley-Tor; Seeler; FCK 1973); IMAGO / WEREK (Jahrhundertspiel; Sevilla; Netzer); IMAGO / Horstmüller (Wasserschlacht; Wunder Weser; Hundebiss; Garrincha); IMAGO / PA Images (Zidane); IMAGO / TT (Hand Gottes; Dänemark); IMAGO / Agencia-MexSport (WM 2014); IMAGO / HJS (Torfall); IMAGO / Fred Joch (Maier); IMAGO / Sven Simon (Phantomtor; EM 1976; CL-Finale 1997); IMAGO / Sportfoto Rudel (Ahlenfelder); IMAGO / Moritz Müller (Suárez); IMAGO / Domenic Aquilina (CL-Finale 2005); IMAGO / Colorsport (Trautmann; Kung-Fu; Córdoba); IMAGO / Kicker/Liedel (Turban); IMAGO / Ulmer (Meisterschaft 2001; Griechenland); IMAGO / Baering (Frosch); : IMAGO / Ulmer/Teamfoto (Trikots); IMAGO / Thomas Exler (Trapattoni); IMAGO / Allstar (Lucky Punch); IMAGO / PanoramiC (CL-Finale 1999); IMAGO / Offside Sports Photography (2.Wembley); IMAGO / ZUMA Wire (WM 2014); Picture-alliance.com: picture-alliance/ dpa/dpaweb | Empics (WM 1930); picture-alliance/ dpa | dpa (Bern); picture-alliance / Pressefoto ULMER | Pressefoto ULMER/Florian Eisele (Frauen 2007); picture-alliance / Sven Simon | SVEN SIMON (Büchsenwurf; Lippens); picture alliance / empics | Ross Kinnaird (El Loco); picture alliance / ZUMAPRESS.com | Brad Smith (Rapinoe); picture-alliance / dpa | -: (Miller); picture alliance / ZB | Hanns-Peter Beyer (Flughacke); picture alliance / firo Sportphoto / PSI | Nigel Keene (Frauen 2022); picture-alliance / dpa | AESTADO_Domicio_Pinheiro (Pelé); picture alliance / ZB | Werner Schulze (DDR 1974); picture alliance / dpa | ROMEO GACAD (Escobar); Wikimedia Commons: Friedenreich (gemeinfrei).

DAS ERSTE WM-FINALE

Im Finale der ersten Fußballweltmeisterschaft 1930 standen sich Argentinien und Gastgeber Uruguay gegenüber. Zur Halbzeit lag Uruguay mit 1:2 zurück, gewann jedoch mit 4:2. Welche Veränderung hatte den Ausschlag gegeben?

A) Es wurde ein schwererer Ball benutzt.
B) Uruguay wechselte alle 10 Feldspieler aus.
C) Der uruguayische Fußballverband verdoppelte in der Halbzeitpause die Siegprämie.

Unter welchem körperlichen Handicap litt der Siegtorschütze Héctor Castro?

Die Mannschaften konnten sich im Vorfeld des Finales nicht auf einen gemeinsamen Spielball einigen. Deshalb entschied die FIFA auf Vorschlag des belgischen Schiedsrichters John Langenus, dass in der ersten Halbzeit ein argentinischer und in der zweiten ein uruguayischer Ball zum Einsatz kommen sollte. Der schwerere Ball aus Uruguay brachte schließlich die Wende zugunsten des Gastgebers.

Der nur 1,69 Meter große Siegtorschütze Héctor Castro hatte als 13-Jähriger infolge eines Unfalls seinen rechten Unterarm verloren und wurde als Stürmerstar *El divino manco* („Der göttliche Einarmige") genannt.

DAS JAHRHUNDERTSPIEL

Das Halbfinale bei der WM 1970 zwischen Deutschland und Italien gilt vor allem wegen seiner dramatischen Verlängerung, in der fünf Tore fielen, als „Jahrhundertspiel". In der Gluthitze des Aztekenstadions von Mexiko-City wogte das Match hin und her, am Ende stand ein mitreißendes 4:3 für Italien.

Gegen welches Team bestritten die in diesem Halbfinalspiel siegreichen Italiener das Finale?

Welcher deutsche Spieler absolvierte die gesamte Verlängerung wegen einer Schulterverletzung mit bandagiertem Arm?

Im Finale standen sich Italien und Brasilien gegenüber. Den italienischen Spielern war die Erschöpfung nach dem Jahrhundertspiel deutlich anzumerken. So hatten sie dem Angriffswirbel der Brasilianer wenig entgegenzusetzen und verloren am Ende mit 1:4. Beide Nationen hatten bis dahin zwei Weltmeistertitel errungen. Zu Ehren des dritten Titelgewinns ging der WM-Pokal dauerhaft in den Besitz des brasilianischen Fußballverbands über.

Franz Beckenbauer musste trotz einer Schultereckgelenksprengung mit verbundener Schulter weiterspielen, da das Auswechselkontingent bereits erschöpft war. Er hatte sich ungestüm in den Strafraum geworfen, um einen Elfmeter herauszuholen. Da er danach kaum noch einsatzfähig war, befand sich das deutsche Team fast eine Stunde lang also quasi in Unterzahl.

DAS WUNDER VON BERN

Der überraschende Triumph des deutschen Teams bei der WM 1954 gegen die favorisierten Ungarn wird oft als „Wunder von Bern" bezeichnet. Es war die erste Weltmeisterschaft, die im Fernsehen übertragen wurde.

Zu welchem taktischen Trick griff der deutsche Trainer Sepp Herberger im Vorrundenspiel gegen den späteren Finalgegner Ungarn?

Was erhielten die deutschen Spieler vom DFB zur Belohnung für ihren WM-Sieg?

Sepp Herberger, der als Reichs- bzw. Bundestrainer von 1936 bis 1942 und von 1950 bis 1964 im Amt war, schonte im Vorrundenspiel gegen Ungarn mehrere Stammspieler, worauf die ohnehin favorisierten Ungarn 8:3 gewannen. Herberger wurde für seinen Leichtsinn kritisiert, doch trug dieses Ergebnis mit Sicherheit dazu bei, dass die Ungarn ihren Finalgegner später unterschätzten. Deren „Goldene Elf" war bis zum Endspiel von Bern in 32 Spielen ungeschlagen geblieben und galt als das mit Abstand beste Team der Welt.

Als Titelprämie erhielten die deutschen Spieler je 2.500 DM, einen Lederkoffer, einen Fernseher und einen Motorroller. Schier unvorstellbar wären ihnen vermutlich die 300.000 Euro vorgekommen, die jeder deutsche Nationalspieler nach dem Titelgewinn von Rio 2014 einstrich.

DAS WEMBLEY-TOR

Beim sogenannten Wembley-Tor handelt es sich um eines der umstrittensten Tore der Fußballgeschichte. Im WM-Finale 1966 im Londoner Wembley-Stadion hämmerte der englische Stürmer Geoffrey Hurst den Ball in der 101. Spielminute gegen die Unterkante der Latte. Von dort prallte er senkrecht nach unten, ehe er von einem deutschen Spieler ins Aus befördert wurde.

Warum hätte dieser Treffer zum 3:2 eigentlich nicht zählen dürfen?

Warum war auch das 4:2, das wenige Sekunden vor dem Abpfiff fiel, irregulär?

Der Schweizer Schiedsrichter Gottfried Dienst entschied zunächst auf Eckball und gab das Tor erst nach Rücksprache mit dem sowjetischen Linienrichter Tofik Bachramow. Der räumte später ein, dass auch er nicht gesehen habe, ob der Ball hinter der Linie gewesen sei. Er habe jedoch aus den Reaktionen der Spieler, vor allem der jubelnden Engländer, geschlossen, dass dem so sein müsse. Und auch der deutsche Torhüter habe „so unglücklich ausgesehen".

Als Hurst in der Schlussminute der Verlängerung auf 4:2 erhöhte, befanden sich bereits jubelnde Zuschauende auf dem Spielfeld. Dass die Engländer den WM-Pokal aus den Händen der Queen empfangen durften, hatten sie auch einem Hund namens Pickles zu verdanken. Der fand ihn nämlich in einem Londoner Park wieder, nachdem er vier Monate vor Turnierbeginn gestohlen worden war.

DIE MUTTER ALLER NIEDERLAGEN

Bei der vierten Fußball-WM 1950, der ersten nach dem Zweiten Weltkrieg, galt Gastgeber Brasilien als haushoher Favorit. Das entscheidende Match des Tabellenführers gegen den Zweitplatzierten Uruguay fand vor rund 200.000 Zuschauern im brandneuen Maracanã-Stadion in Rio de Janeiro statt.

Welcher bis heute einmalige Turniermodus wurde bei dieser WM angewandt?

Warum trägt das Team von Uruguay seitdem vier Sterne auf dem Trikot, obwohl es 1950 erst zum zweiten und bisher letzten Mal Weltmeister wurde?

Im Unterschied zum üblichen K.-o.-System wurde die Endrunde in zwei Gruppenphasen ausgetragen. Ein Finale war nicht vorgesehen. Dennoch kam es am 16. Juli 1950 zum De-facto-Endspiel zwischen Uruguay und Brasilien, in dem Gastgeber Brasilien ein Unentschieden zum Titelgewinn gereicht hätte. Nach der 1:2-Niederlage herrschte im weiten Rund des Stadions lähmendes Entsetzen. Berichten zufolge stürzte sich ein Zuschauer unmittelbar nach Spielende vom Oberrang aus in den Tod, drei weitere erlitten einen Herzinfarkt. Der brasilianische Trainer musste in Frauenkleidern aus dem Stadion flüchten.

Der dritte und vierte Stern auf dem uruguayischen Trikot stehen für die Siege bei den Olympischen Spielen 1924 in Paris und 1928 in Amsterdam.

DIE HAND GOTTES

Diego Maradona erlebte im Viertelfinale der WM 1986 mit zwei unvergesslichen Toren die Sternstunde seiner Karriere. Beim ersten Treffer täuschte er einen Kopfball vor, boxte den Ball jedoch mit der Hand ins Tor. Nur vier Minuten später startete er einen fulminanten Sololauf, ließ sechs Gegenspieler ins Leere laufen und spielte am Ende den Keeper aus, ehe er den Ball ins Tor schob.

Wie hieß der Gegner Argentiniens in diesem Viertelfinale?

Welcher der beiden Treffer wurde zum „WM-Tor des Jahrhunderts" gewählt?

Es war eine politisch aufgeladene Partie zwischen England und Argentinien, die nur vier Jahre zuvor einen nicht erklärten Krieg um die Falklandinseln geführt hatten. Berühmt wurde Maradonas Kommentar zu seinem vermeintlichen Kopfballtor: „Es war ein bisschen Maradonas Kopf und ein bisschen die Hand Gottes." Erst im Jahr 2005 gab Maradona den Betrug zu.

Zum schönsten Tor in der Geschichte der Weltmeisterschaften wurde Maradonas Alleingang über 60 Meter hinweg gewählt, der zum zwischenzeitlichen 2:0 führte. Trotz eines späten Anschlusstores verlor England die Partie mit 1:2. Die Südamerikaner gewannen eine Woche später das Finale gegen Deutschland und wurden zum zweiten Mal Fußballweltmeister.

Roger Milla war einer der großen Stars der WM 1990 in Italien und mit 38 Jahren der zweitälteste Spieler des Turniers. Mit jeweils zwei Toren gegen Rumänien und Kolumbien führte er Kamerun sensationell ins Viertelfinale, wo gegen England (2:3 n.V.) Endstation war. Im selben Jahr wurde er zum zweiten Mal zu Afrikas Fußballer des Jahres gekürt. Sein Tor gegen Russland bei der WM-Endrunde 1994 in den USA machte Milla zum bis heute ältesten WM-Torschützen aller Zeiten.

Kameruns russischer Trainer Waleri Nepomnjaschtschi wollte Milla eigentlich zu Hause lassen und nahm ihn erst auf Geheiß von Kameruns Präsident Paul Biya in den WM-Kader auf.

DER MIT DER ECKFAHNE TANZT

Oft kopiert, nie erreicht! Roger Milla, eigentlich Albert Roger Mooh Miller, war einer der größten afrikanischen Spieler aller Zeiten. Seine Tore feierte er stets mit einem Makossa-Tanz an der Eckfahne, der an einen Lambada erinnerte.

Bei welcher WM führte er die „Unbezähmbaren Löwen“ aus Kamerun bis ins Viertelfinale?

Wem war seine Nominierung zu verdanken?

DER FEHLSCHUSS VON BELGRAD

Zum ersten Mal wurde das Finale eines großen Turniers durch Elfmeterschießen entschieden. Deutschland war als amtierender Welt- und Europameister der große Favorit dieser Endrunde gewesen.

Um welches Turnier handelt es sich?

Welcher deutsche Spieler schoss den entscheidenden Elfmeter hoch über die Latte?

Bisher hatte es bei großen Turnieren stets ein Wiederholungsspiel gegeben, wenn das Finale unentschieden ausgegangen war. Doch bei der Europameisterschaft in Jugoslawien 1976 einigte man sich auf Bitten des deutschen Teams auf eine Verlängerung plus Elfmeterschießen, um den Spielern nach dem Turnier einen längeren Urlaub zu ermöglichen. Im Nachhinein keine gute Idee. Deutschland verlor das Elfmeterschießen gegen die Tschechoslowakei mit 3:5.

Uli Hoeneß galt ohnehin nicht als Strafstoßspezialist, übernahm im Elfmeterschießen jedoch als vierter deutscher Schütze die Verantwortung. Niemand hat später die Einsamkeit des Schützen beim Elfmeter so treffend beschrieben wie er: „Einsam spazierte ich zum weißen Punkt, rings um mich Sahara. Ich schaute dem Ball nach, sah ihn immer höher steigen. Wie eine Weltraumrakete sauste er in Richtung Wolken.“

Der Däne Ebbe Sand wurde mit 22 Treffern Torschützenkönig der Liga. Ein Titel, den er sich mit dem HSV-Spieler Sergej Barbarez teilen musste, der am letzten Spieltag das 1:0 gegen die Bayern erzielt hatte. In seinen sieben Jahren entwickelte sich Sand aufgrund seines unbändigen Einsatzes und seiner Fairness zu einem Publikumsliebling auf Schalke.

Es war der Schwede Patrik Andersson, der mit dem 1:1-Ausgleich seinen einzigen Bundesligatreffer erzielte. Zu diesem Zeitpunkt hatten Reporter*innen fälschlicherweise verkündet, das Spiel in Hamburg sei beendet und Schalke 04 Deutscher Meister. Die feiernden Massen verwandelten das Parkstadion bereits in ein Tollhaus, als Anderssons Schuss sie aus allen Träumen riss. Die Schalker Meisterfeier dauerte nur viereinhalb Minuten.

MEISTER DER HERZEN

Nie war die Entscheidung um die Deutsche Meisterschaft dramatischer als im Jahr 2001. In Gelsenkirchen lagen sich die Schalke-Fans schon jubelnd in den Armen, da bekamen die Bayern in der vierten Nachspielminute in Hamburg noch einen Freistoß zugesprochen.

Welcher Schalker Stürmer wurde in dieser Saison Torschützenkönig der Bundesliga?

Wer schoss die Bayern in der 94. Spielminute zur Meisterschaft?

Die Rede ist vom WM-Finale 2006 zwischen Frankreich und Italien, das im Berliner Olympiastadion stattfand. Es war das erste Endspiel seit 1978, in dem weder Brasilien noch Deutschland standen. Die Italiener hatten zuvor Gastgeber Deutschland mit 2:0 aus dem Turnier gekegelt, während die Équipe Tricolore sich nacheinander gegen Spanien, Brasilien und Portugal durchgesetzt hatte.

Während der Verlängerung lieferten sich Zidane und sein Gegenspieler Marco Materazzi ein kurzes Wortgefecht, woraufhin der Franzose ein paar Schritte Anlauf nahm und dem Italiener mit voller Wucht seinen kahlen Schädel gegen den Brustkorb rammte. Später gab Materazzi zu, Zidanes Schwester obszön beleidigt zu haben.

Der französische Superstar Zinédine Zidane gilt nicht nur als einer der besten Spieler aller Zeiten, sondern war auch ein berüchtigter Hitzkopf. Die berühmteste der insgesamt zwölf roten Karten in seiner Karriere kassierte er, als ihn sein Team mehr denn je gebraucht hätte.

Um welches Spiel handelt es sich?

Warum ließ sich „Zizou" zu dieser Tätlichkeit hinreißen?

TOR FÜR DEUTSCHLAND

„Tor für Deutschland" hieß es im Halbfinale der WM 2014 gleich sieben Mal. Der völlig überforderte Gastgeber Brasilien lag nach 29 Minuten schon mit 0:5 zurück. Mittlerweile wird der Ausdruck „Tor für Deutschland" in Brasilien auch im Alltag benutzt, wenn ein Missgeschick passiert.

Welcher wichtige brasilianische Spieler fehlte beim 1:7 aufgrund einer Verletzung, die er sich im Viertelfinale zugezogen hatte?

Welcher deutsche Spieler überholte mit seinem 16. WM-Tor den Brasilianer Ronaldo als erfolgreichsten Torschützen?

Neben Mannschaftskapitän Thiago Silva, der nach zwei gelben Karten gesperrt war, machte sich vor allem das Fehlen von Superstar Neymar bemerkbar. Dieser hatte im Viertelfinale gegen Kolumbien eine Lendenwirbelfraktur erlitten, nachdem ihm sein Gegenspieler Juan Zúñiga mit angezogenem Knie in den Rücken gesprungen war.

Miroslav Klose wurde durch sein 2:0 in der 23. Spielminute zum Rekordtorschützen bei Fußball-Weltmeisterschaften. Er war zudem der erste Spieler überhaupt, der sein viertes WM-Halbfinale spielte. Hinter dem Brasilianer Ronaldo (15 Tore) liegt Gerd Müller auf Rang drei der WM-Rekordtorschützen, der seine insgesamt 14 Treffer allerdings bei nur zwei Turnieren erzielte, 1970 (10) und 1974 (4).

DER TORFALL VON MADRID

Real Madrid gegen Borussia Dortmund, Champions-League-Halbfinale, 1. April 1998. Kurz vor Spielbeginn fiel ein Tor um. Es dauert 76 Minuten, bis spanische Handwerker ein neues aufstellten. Die beiden Fernsehkommentatoren Marcel Reif und Günther Jauch überbrückten die Zeit so geistreich und witzig, dass sie für diese Leistung später

A) den Bayerischen Fernsehpreis erhielten.

B) zu Ehrenbürgern der Stadt Madrid ernannt wurden.

C) zwei lebenslange Dauerkarten für Heimspiele des BVB bekamen.

Wer war damals Trainer von Real Madrid?

Für ihre einfallsreiche und kurzweilige Überbrückungsmoderation wurden Marcel Reif und Günther Jauch mit dem Bayerischen Fernsehpreis ausgezeichnet und für den renommierten Grimme-Preis nominiert. Fast 13 Millionen Zuschauer*innen verfolgten das amüsante Wortgeplänkel der beiden: „Noch nie hätte ein Tor einem Spiel so gutgetan." (Marcel Reif), „Für alle, die nicht rechtzeitig eingeschaltet haben, das erste Tor ist schon gefallen." (Günther Jauch). Das anschließende Spiel verfolgten nur etwa halb so viele Zuschauer*innen. Ein klares Urteil in Sachen Fernsehunterhaltung.

Trainer von Real Madrid, das dieses Spiel mit 2:0 für sich entschied und später die Champions League gewann, war Jupp Heynckes. Das mit 1:0 gewonnene Finale war allerdings sein letztes Spiel als Real-Trainer. Nach nur einer Saison wurde er beurlaubt.

„Schiri, da kann etwas nicht stimmen", sagte Höttges, „mein Trikot ist noch ganz trocken. Normalerweise ist es in der Halbzeit immer klitschnass." Daraufhin begutachtete Ahlenfelder das Trikot des Spielers, blickte fragend zum Linienrichter hinüber, der hektisch auf die Uhr zeigte, und ließ das Spiel weiterlaufen. 11 Minuten später pfiff er erneut zum Pausentee, immer noch 90 Sekunden zu früh.

Wer in der Bremer Vereinsgaststätte einen „Ahlenfelder" bestellte, erhielt in Erinnerung an den Kult-Schiedsrichter ein Bier und einen Malteser.
Außerdem gibt es seit November 2021 in unmittelbarer Nähe des Weserstadions eine Kneipe namens „Ahlenfelder".

DER BETRUNKENE SCHIEDSRICHTER

Der beschwipste Wolf-Dieter Ahlenfelder pfiff die erste Halbzeit zwischen Werder Bremen und Hannover 96 schon nach einer halben Stunde ab. Später rechtfertigte er seinen Auftritt: „Ein Bier und ein Malteser, das wird doch wohl erlaubt sein. Wir sind Männer und trinken keine Fanta."

Mit welchem Argument versuchte der Bremer Verteidiger Höttges Ahlenfelder davon zu überzeugen, dass noch eine Viertelstunde zu spielen war?

Was bekam man in Folge im Bremer Vereinslokal, wenn man einen „Ahlenfelder" bestellte?

UNS UWE

Er war einer der besten Mittelstürmer aller Zeiten und auch einer der treuesten. Während seiner gesamten Karriere spielte Uwe Seeler für den HSV und erzielte in 476 Liga-Spielen 404 Tore. Doch sechs Jahre nach seinem Rücktritt kam es für ein einziges Spiel zu einem überraschenden Comeback.

Für welches Team schnürte „Uns Uwe" mit 41 Jahren noch einmal die Schuhe?

Welchem berühmten Fußballklub erteilte der heimatverbundene Hamburger 1961 eine Absage, obwohl er für einen Vereinswechsel die damals schwindel-erregende Summe von 1,2 Millionen DM kassiert hätte?

Als Uwe Seeler am 23. April 1978 für den irischen Erstligaklub Cork Celtic auflief, dachte er, es sei ein Freundschaftskick, um dem klammen irischen Exmeister aus der Patsche zu helfen. Doch der hatte ihn mittels einer Gastspielgenehmigung für ein Ligaspiel verpflichtet, und so wunderte sich der deutsche Gaststar über die harte Gangart seiner Gegenspieler von den Shamrock Rovers. „Uns Uwe" revanchierte sich mit zwei Traumtoren, eines davon per Fallrückzieher, konnte die 2:6-Niederlage seines Teams aber nicht verhindern.

Drei Tage lang verhandelte Helenio Herrera, der legendäre Trainer von Inter Mailand, persönlich mit Seeler, um ihn nach Italien zu locken. Nach Seelers endgültiger Absage erklärte Herrera fassungslos, dass noch nie ein Spieler auf so viel Geld verzichtet hätte. Dass der bodenständige und bescheidene Seeler seinem HSV die Treue hielt, machte ihn in seiner Heimatstadt endgültig zum Idol und Volkshelden.

Den ersten Strafstoß für Liverpool verwandelte der zur Halbzeit eingewechselte Dietmar „Didi" Hamann. Der frühere Bayern-Spieler war von 1999 bis 2006 für den FC Liverpool aktiv und absolvierte in dieser Zeit 191 Partien in der Premier League. Erst nach dem Finale stellte sich heraus, dass Hamann kurz vor Spielende einen Ermüdungsbruch im rechten Fuß erlitten hatte.

Kapitän des AC Mailand war die italienische Fußballlegende Paolo Maldini. Gemeinsam mit Regisseur Andrea Pirlo, Jungstar Kaká sowie Torjäger Andrij Schewtschenko bildete er den Kern einer Mannschaft, die als haushoher Favorit in dieses Finale gegangen war. „Milan, es ist zum Heulen. So was haben wir noch nie gesehen. Sechs Minuten Wahnsinn!", jammerte am nächsten Tag der *Corriere dello Sport*.

SECHS MINUTEN WAHNSINN

Im Champions-League-Finale 2005 zwischen dem FC Liverpool und dem AC Mailand lag das favorisierte italienische Team zur Pause schon mit 3:0 in Front. Doch dem krassen Außenseiter aus Liverpool gelang in einer furiosen zweiten Halbzeit innerhalb von sechs Minuten der Ausgleich.

Welcher deutsche Spieler verwandelte den ersten Strafstoß des Elfmeterschießens, das Liverpool mit 6:5 für sich entschied?

Wie hieß der damalige Kapitän des AC Mailand?

Im Pokalfinale zwischen dem FC Bayern und dem 1. FC Nürnberg im Frankfurter Waldstadion nähte Mannschaftsarzt Müller-Wohlfahrt die Stirnwunde von Hoeneß in der Halbzeitpause ohne Betäubung. Dieser bestritt die zweite Halbzeit mit einem Turban-artigen Kopfverband. Seine Frau saß zu diesem Zeitpunkt hochschwanger vor dem Fernseher, und so fürchtete Hoeneß, wie er später sagte, mehr um sie und seinen ungeborenen Sohn als um seine eigene Gesundheit.

Nach dem 0:2-Pausenrückstand legte Hoeneß zunächst mit dem Kopf für Karl-Heinz Rummenigge auf, der den Anschlusstreffer erzielte. Zum 3:2-Führungstor durch Foulelfmeter lieferte er erneut die entscheidende Kopfballvorlage, ehe er selbst mit halb durchgebluteten Turban zum 4:2-Endstand einköpfte.

TURBAN-TREFFER

Am 1. Mai 1982 machte Dieter Hoeneß das Spiel seines Lebens. Nach dem Zusammenprall mit einem Gegenspieler zog er sich eine klaffende Kopfverletzung zu und entschied das Spiel danach fast im Alleingang.

Welches Spiel ist gemeint?

Wie viele Tore gelangen Dieter Hoeneß mit seinem spektakulär hohen Kopfverband?

Nach dem deutlichen Rückstand der Heimmannschaft verließ das Publikum bereits in Scharen das Stadion. Von den Torschreien zurückgelockt, erlebten viele doch noch mit, wie der unaufhaltsame FCK in der letzten halben Stunde die Münchner Verteidigung um Franz Beckenbauer und Georg „Katsche" Schwarzenbeck schwindelig spielte. Nationalkeeper Sepp Maier musste noch sechs Mal hinter sich greifen. Am Ende stand ein fulminantes 7:4.

Bayern-Präsident Wilhelm Neudecker tobte nach Spielende in der Kabine. Wer den Verein sofort verlassen wolle, polterte er, solle einfach den Arm heben. Niemand meldete sich. Dem dreifachen Lauterer Torschützen Josef Pirrung unterbreitete er noch vor der Heimreise ein Vertragsangebot, das dieser jedoch ablehnte.

DER BETZE BEBT

Am 20. Oktober 1973 ereignete sich auf dem Betzenberg in Kaiserslautern eine der spektakulärsten Aufholjagden der Bundesligageschichte. Nach 57 Minuten lag der heimische 1. FC Kaiserlautern gegen den späteren Meister Bayern München mit 1:4 zurück.

Wie endete dieses Match?

Welches Transferangebot machten die Bayern nach dem Spiel?

Weil Jugoslawien wegen des Balkankriegs kurzfristig vom Turnier ausgeschlossen wurde, rückte Dänemark nach. Einige dänische Spieler befanden sich zu dieser Zeit schon im Urlaub und reisten quasi direkt vom Strand an. Da die unbekümmerten Dänen nichts zu verlieren hatten, kehrten sie vor dem Halbfinale gegen die Niederlande bei McDonald's ein und feierten nach dem Finaleinzug bis morgens um fünf.

Der amtierende Weltmeister Deutschland, der u. a. mit Effenberg, Kohler, Brehme, Sammer und Klinsmann auflief, ging als klarer Favorit in das Finale. Doch die Dänen um ihre Stars Peter Schmeichel, Brian Laudrup, Flemming Povlsen und Henrik Larsen zeigten, dass ihre bisherigen Leistungen kein Zufall gewesen waren, und sicherten sich mit einem verdienten 2:0 ihren ersten und einzigen EM-Titel.

IN BADELATSCHEN ZUM EM-TITEL

Selten gab es bei einer EM einen größeren Überraschungssieger als 1992 in Schweden. Der spätere Titelträger Dänemark hatte sich eigentlich gar nicht für das Turnier qualifiziert.

Welcher Umstand sorgte dafür, dass die Dänen das Teilnehmerfeld zehn Tage vor Turnierbeginn komplettierten?

Gegen welche Mannschaft bestritten sie das Finale?

DER BÜCHSENWURF VOM BÖKELBERG

Es ist eines der besten Spiele von Borussia Mönchengladbach überhaupt und zugleich einer der größten Skandale in der Vereinsgeschichte. Mit 7:1 wurde am 20. Oktober 1971 Inter Mailand am heimischen Bökelberg vom Platz gefegt. Es war das Achtelfinal-Hinspiel im Europapokal der Landesmeister. Doch im Mittelpunkt des Spiels stand eine rote Coladose.

Welcher italienische Spieler wurde von der Dose am Kopf getroffen?

Wo befindet sich die Dose heute?

In der 28. Minute warf ein Zuschauer eine leere Coladose in Richtung Spielfeld. Angeblich traf sie den italienischen Verteidiger Roberto Boninsegna am Kopf. Jedenfalls sackte dieser zusammen und ließ sich von Sanitäter*innen vom Platz tragen. Der grandiose 7:1-Kantersieg der Borussia wurde annulliert. Am Ende schied der Deutsche Meister nach einem 2:4 in Mailand und einem 0:0 im Wiederholungsspiel aus. Was wirklich geschah, darüber streiten sich die beteiligten Personen bis heute.

Heute gehört die Dose zu den Prunkstücken der sogenannten *Fohlenwelt* – dem Vereinsmuseum von Borussia Mönchengladbach. Außerdem trägt ein Eventraum im Borussia-Park den Namen „Büchsenwurf“.

EIN STÜRMER BEISST SICH DURCH

Der uruguayische Weltklassestürmer Luis Suárez versetzt seine Gegenspieler nicht nur durch seine Torgefahr, sondern auch durch seine Beißattacken in Angst und Schrecken.

Wie viele Gegenspieler hat Suárez in internationalen Spielen gebissen?

Wer war bei der WM 2014 sein berühmtestes Opfer?

Es sind drei Beißangriffe dokumentiert. Im Jahr 2010 wurde er als Spieler von Ajax Amsterdam für sieben Spiele gesperrt, weil er Otman Bakkal vom PSV Eindhoven nach einem Wortgefecht in die Schulter gebissen hatte.
2013, inzwischen beim FC Liverpool unter Vertag, sperrte man Suárez für zehn Spiele, nachdem er Branislav Ivanović vom FC Chelsea in den Arm gebissen hatte.

Der bekannteste Vorfall dieser Art ereignete sich bei der WM 2014, als er dem italienischen Nationalspieler Giorgio Chiellini seine Zähne abseits des Balles von hinten in die Schulter schlug. Chiellini hielt später den Abdruck von Suárez‘ Gebiss in die Fernsehkamera. Wiederholungstäter Suárez wurde daraufhin von der FIFA für vier Monate und zusätzlich neun Länderspiele gesperrt und musste eine Geldstrafe von 100.000 Schweizer Franken zahlen.

OHNE GEGENTOR ZUR TITELVERTEIDIGUNG

Shanghai, 30. September 2007. Die deutsche Nationalmannschaft der Frauen verteidigte ihren 2003 errungenen WM-Titel gegen Brasilien und kassierte während des gesamten Turniers keinen einzigen Gegentreffer.

Wie hieß die deutsche Torfrau, die ihren Kasten in insgesamt 540 Spielminuten sauber hielt?

Welche deutsche Stürmerin kam als erste Spielerin überhaupt in drei WM-Endspielen zum Einsatz?

Die deutsche Mannschaft war nicht als Favorit in das Finale gegangen, denn sie bekam es mit den ebenso spielstarken wie treffsicheren Brasilianerinnen zu tun, die im Verlauf des Turniers bereits 17 Treffer erzielt hatten. Doch Torfrau Nadine Angerer erwies sich als unbezwingbar, wehrte im Finale sogar einen Elfmeter des brasilianischen Superstars Marta ab und wurde schließlich zur besten Torhüterin des Turniers gekürt.

Birgit Prinz spielte in Shanghai ihr drittes WM-Finale nacheinander und nahm insgesamt zwischen 1995 und 2011 an fünf Weltmeisterschaften teil. Von 2007 bis 2015 war sie außerdem mit 14 Treffern Rekordtorschützin bei WM-Endrunden.

DER KUNG-FU-TRITT

Es ist das berühmteste, wenn nicht das einzige Foul der Fußballgeschichte, das an einem Zuschauer begangen wurde.

Welcher Spieler von Manchester United streckte 1995 per Kung-Fu-Tritt einen Fan von Crystal Palace nieder, weil dieser ihn angeblich beleidigt und bespuckt hatte?

Welchen Beruf übt dieser Spieler heute aus?

Der französische Fußballer Éric Cantona war nicht nur ein spektakulärer und torgefährlicher Stürmer, sondern auch als Raubein und „Enfant Terrible“ bekannt. Aufgrund seiner ständigen Auseinandersetzungen und Disziplinlosigkeiten wollte ihn kein großer französischer Klub mehr unter Vertrag nehmen, ehe er 1992 zu Manchester United wechselte und zu einem Topstar der Premier League wurde. Nach seinem Kung-Fu-Tritt wurde er monatelang gesperrt und mit 120 Stunden Sozialarbeit belegt.

Heute ist Éric Cantona als Filmschauspieler tätig und mit seiner französischen Kollegin Rachida Brakni verheiratet, die er bei Dreharbeiten kennenlernte. Seinen Kung-Fu-Tritt von damals hat er nie bereut. „Ich hätte ihn liebend gerne noch härter getreten“, sagte er einmal.

MODERN IST, WER GEWINNT

Im EM-Finale 2004 standen sich zwei Mannschaften gegenüber, die nie zuvor das Endspiel eines großen Turniers erreicht hatten. Außerdem kam es erstmals zu einer Neuauflage des Eröffnungsspiels.

Welches Team sicherte sich mit einer altmodischen Taktik sensationell den Titel?

Wie hieß sein deutscher Trainer?

Die griechische Mannschaft, einer der größten Außenseiter des Turniers, sicherte sich durch ein 1:0 gegen Portugal den Titel, nachdem sie bereits das Eröffnungsspiel gegen denselben Gegner mit 2:1 für sich entschieden hatte. Als die ganze Welt schon mit Dreier- oder Viererkette spielte, holte der Trainer mit Traianos Dellas einen Libero alter Schule aus der Mottenkiste.

Otto Rehhagel wurde durch den nicht für möglich gehalten Triumph zum griechischen Nationalhelden und Ehrenbürger Athens. Die spielerisch limitierten Griechen gewannen das Viertel- und Halbfinale sowie das Endspiel jeweils mit 1:0. In jedem dieser Spiele hieß das einfache Rezept: Ecke-Kopfball-Tor. Das reichte zum Titel. Ob seiner altmodischen Defensivtaktik gescholten, bemerkte Rehhagel lapidar: „Modern ist, wer gewinnt."

DER ERSTE KÖNIG DES FUSSBALLS

Der Deutsch-Brasilianer Arthur Friedenreich gilt als erster Superstar des brasilianischen Fußballs. Er gehörte zu den Spielern, die am 21. Juli 1914 das erste Länderspiel für die brasilianische Nationalmannschaft bestritten.

Welchen Rekord hat Friedenreich nach Angaben der FIFA immer noch inne?

Welche Schusstechnik gilt als seine Erfindung?

Der Sohn eines deutschen Einwanderers und einer afrobrasilianischen Wäscherin musste sich stets gegen rassistische Ressentiments zur Wehr setzen. Fußball war in Brasilien zu Beginn des 20. Jahrhunderts weitgehend der weißen Oberschicht vorbehalten. Friedenreich hellte seine Haut mit Reismehl auf und glättete seine Locken mit Pomade. Laut FIFA-Statistik erzielt er in 1239 Spielen 1329 Tore – mehr als der große Pelé.

Arthur Friedenreich besaß eine ausgezeichnete Technik und war außerordentlich schnell auf den Beinen. Dies war auch nötig, denn Fouls an dunkelhäutigen Spielern wurden von den meisten Schiedsrichtern nicht geahndet. Er gilt als Erfinder des Effetschusses, also des angeschnittenen Balls, dessen krumme Flugbahn die damaligen Torhüter vor eine neue Herausforderung stellte.

EINE ENTE NAMENS WILLI

Willi „Ente" Lippens war nicht nur ein dribbelstarker Flügelstürmer, sondern auch eine Frohnatur, die nie um einen guten Spruch verlegen war.

Wie lautete seine berühmte Antwort, als der Schiedsrichter ihn mit den Worten „Ich verwarne Ihnen" ermahnte?

Wie viele Spiele bestritt Willi Lippens für die niederländische Nationalmannschaft?

Willi Lippens wuchs als Sohn einer deutschen Mutter und eines niederländischen Vaters im niederrheinischen Kleve auf und begann seine Karriere 1965 bei Rot-Weiß Essen. Mit seiner trickreichen Spielweise und seinen humorvollen Einlagen spielte er sich rasch in die Herzen der Zuschauenden. Mal lieh er sich zum Eckstoß die Mütze eines Zuschauers, mal setzte er sich mitten im Spiel auf den Ball. Im Regionalliga-Spiel bei Westfalia Herne ermahnte ihn der Schiedsrichter mit den Worten „Herr Lippens, ich verwarne Ihnen!", worauf Lippens zurückgab: „Herr Schiedsrichter, ich danke Sie!". Lippens flog wegen respektlosen Verhaltens vom Platz und wurde für 14 Tage gesperrt.

Der wegen seines Watschelgangs „Ente" genannte Lippens bestritt 1971 ein einziges Länderspiel für die Niederlande und erzielte beim 6:0 der Elftal gegen Luxemburg einen Treffer.

DIE FLUGHACKE

Er war der erste Ehrenspielführer der deutschen Nationalmannschaft. Der Historiker Joachim Fest bezeichnete ihn wegen seiner Verdienste in der Nachkriegszeit gar als „mentalen Gründungsvater der Bundesrepublik“.

Wie heißt dieser Fußballer?

Gegen welchen Gegner gelang ihm mit der sogenannten Flughacke das spektakulärste Tor seiner Karriere?

Fritz Walter war Kapitän, Regisseur und Torjäger des Weltmeisterteams von 1954 und zugleich der verlängerte Arm von Nationaltrainer Sepp Herberger. Zwischen 1938 und 1959 absolvierte er für den 1. FC Kaiserslautern 384 Spiele und erzielte 327 Tore. Fritz Walter war ein Weltstar ohne Allüren, dessen Bescheidenheit und Sensibilität ihn zum Idol der Deutschen in einer entbehrungsreichen Zeit machten. Angebote von europäischen Topklubs schlug der bodenständige Pfälzer allesamt aus. Ebenso das Angebot Herbergers, ihn in den Kader zur WM 1962 zu berufen. Walter war damals 41 Jahre alt.

Sein berühmtes Volleytor mit der Hacke erzielte er 1956 in einem Freundschaftsspiel des 1. FC Kaiserslautern gegen den DDR-Meister SC Wismut Karl-Marx-Stadt. Vor knapp 120.000 Zuschauenden ließ er sich im Leipziger Zentralstadion nach vorne fallen und versenkte das Spielgerät mit der Hacke im rechten Winkel.

NIEMALS AUFGEBEN

Bei der Wahl zum „schrägsten Typen", der je den deutschen Profifußball geprägt hat, hätte er beste Karten. Wie hieß der gelernte Schornsteinfeger und Kettenraucher, der freimütig bekannte: „Mein schwerster Gegner war immer die Kneipe?"

An welcher Regeländerung des DFB im Jahr 1977 war er maßgeblich beteiligt?

Walter Frosch kickte zunächst in der Regionalliga Süd für den SV Alsenborn. Ein Wechsel zu den Bayern zerschlug sich nach einem Rechtsstreit, weil Frosch gleichzeitig beim 1. FC Kaiserslautern einen Vertrag unterschrieben hatte. Mit dem FC St. Pauli gelang ihm 1977 der Aufstieg in die Bundesliga. Der beinharte Verteidiger mit dem Walrossschnauzer und der krächzenden Stimme grätschte reihenweise seine Gegner um, rauchte nach eigener Aussage bis zu 60 Zigaretten am Tag und war nie um einen originellen Spruch verlegen.

In der Zweitliga-Saison 1976/77 sammelte er mehr gelbe Karten ein als je ein Spieler zuvor. Die genaue Anzahl ist umstritten, vermutlich waren es 19. Der DFB führte daraufhin ein, dass ein Spieler nach der vierten gelben Karte (heute nach der fünften) ein Spiel aussetzen muss.

DAS GENIE MIT DEN KRUMMEN BEINEN

Seine Wirbelsäule war von Geburt an verkrümmt, seine Beine waren verkrüppelt. Nach mehreren riskanten Operationen hatte er ein X- und ein O-Bein, von denen eines sechs Zentimeter kürzer war als das andere. Seine Geschwister gaben ihm den Namen einen brasilianischen Urwaldvogels. Wie heißt der gesuchte Fußballer?

Mit welcher anderen Fußballlegende holte er 1958 und 1962 den Weltmeistertitel für Brasilien?

Manoel Francisco dos Santos, genannt Garrincha, war eines der erstaunlichsten Genies der Fußballgeschichte. Um seine Muskulatur zu stärken, schickten die Eltern ihren körperlich behinderten Sohn zum Fußballtraining. Der erwies sich als Naturgenie, das seine Gegner später mit immer neuen Tricks und Finten, mit unberechenbaren Zickzackläufen und waghalsigen Powerdribblings in den Wahnsinn trieb. Als 19-Jähriger wurde er von Botafogo Rio de Janeiro unter Vertrag genommen und debütierte 1955 für die brasilianische Nationalmannschaft. Er nahm an drei Weltmeisterschaften teil und wurde 1962 zum besten Spieler der WM in Chile gewählt.

In Brasilien gilt Garrincha neben Pelé, mit dem er zwei WM-Titel errang, als bester Spieler aller Zeiten. Pelé werde verehrt, heißt es oft, Garrincha aber vergöttert.

19. November 1969. FC Santos gegen CR Vasco da Gama. Edson Arantes do Nascimento, genannt Pelé, läuft an und verwandelt einen Elfmeter. Danach stürmen Fans und Fotograf*innen auf den Rasen, das Spiel wurde für 20 Minuten unterbrochen.

Was war geschehen?

In welchem Alter bestritt Pelé sein erstes Länderspiel für die brasilianische Nationalmannschaft?

Pelé hatte im Maracanã-Stadion soeben den 1.000. Treffer seiner Karriere erzielt. Das ganze Land hatte seit Wochen sehnsüchtig auf diesen Rekord gewartet. Doch je näher er rückte, desto mehr schien „O Rei“, der König, zu verkrampfen. Als dem FC Santos ein Elfmeter zugesprochen wurde, zögerte Pelé – für ihn waren Strafstöße die unwürdigste Art, ein Tor zu erzielen. Dann legte er sich den Ball zurecht, und Sekunden später versank ganz Brasilien in einem Freudentaumel. Überall läuteten die Kirchenglocken, der Staatspräsident rief einen nationalen Feiertag aus, und die Post brachte eine Sonderbriefmarke mit dem jubelnden Pelé in Umlauf.

Im Juli 1957 lief der 16-Jährige zum ersten Mal für die Seleção auf und erzielte gegen Argentinien sogleich sein erstes Tor im Nationaltrikot. Bei der WM 1958 in Schweden war Pelé mit 17 Jahren der jüngste Spieler des Turniers.

CÓRDOBA 1978

In Deutschland ist dieses Spiel als „Schmach von Córdoba", in Österreich als das „Wunder von Córdoba" in die Annalen eingegangen.

Welcher österreichische Torjäger besiegelte mit seinen beiden Treffern das Aus des amtierenden Weltmeisters bei der WM 1978?

Wie lange hatte Österreich bis zu diesem Tag auf einen Sieg gegen den deutschen Nachbarn warten müssen?

Der österreichische Mittelstürmer Hans Krankl schoss das deutsche Team mit seinen beiden Toren aus dem Turnier. Der Doppeltorschütze von Rapid Wien wechselte nach der WM zum FC Barcelona, wurde auf Anhieb Torschützenkönig der Primera División und gewann mit Barca den Europapokal der Pokalsieger. Als der „Goleador", so Krankls Spitzname in Spanien, seine Karriere 1989 bei Austria Salzburg ausklingen ließ, gehörte er mit 514 offiziellen Toren zu den erfolgreichsten Goalgettern der Fußballgeschichte.

Die Österreicher hatten seit 47 Jahren nicht mehr gegen Deutschland gewonnen. Der letzte Sieg datierte vom 13. September 1931. Damals überrollte das sogenannte Wunderteam die deutsche Mannschaft in einem Freundschaftsspiel in Berlin mit 6:0.

ZUM ZERREISSEN GESPANNT

Nicht nur die Nerven des Publikums sind bei manchen Spielen zum Zerreißen gespannt. Bei einem Match der EURO 2016 rissen reihenweise die Trikots des Herstellers Puma.

Um welches Match handelt es sich?

Wie viele Trikots hielten dem Reißtest durch die Gegenspieler nicht stand?

A) Drei Trikots

B) Sieben Trikots

C) Alle 11 Trikots

Im letzten Vorrundenspiel der Gruppe A gelang der Schweiz durch ein 0:0 gegen Gastgeber Frankreich der Einzug ins Achtelfinale. Damit schafften es die Eidgenossen bei ihrem vierten Versuch zum ersten Mal, die Gruppenphase einer EM zu überstehen. Die Franzosen unter Trainer Didier Deschamps wurden Gruppensieger.

Insgesamt waren es sieben Trikots, die vorzeitig den Geist aufgaben. Mittelfeldstar Granit Xhaka musste sich gleich zweimal ein neues überstreifen. Für den Sportartikelhersteller Puma, der die Trikots gefertigt hatte, ein Fiasko erster Güte. Das Duell gegen Nike, den Ausstatter der Franzosen, ging somit 0:7 verloren. Doch auch der Ball litt an Materialermüdung. Zu Beginn der zweiten Halbzeit ging ihm plötzlich die Luft aus. Er stammte von Adidas.

SIEG ÜBER DEN KLASSENFEIND

Hamburger Volksparkstadion, 22. Juni 1974. Der amtierende Europameister, die Bundesrepublik Deutschland, traf auf die DDR, die sich erstmalig für eine WM-Endrunde qualifiziert hatte.

Wer schoss das Siegtor für die DDR?

Wie oft spielten die beiden deutschen Staaten bis zur Wiedervereinigung gegeneinander?

Das Siegtor zum 1:0 für die DDR erzielte Jürgen Sparwasser in der 78. Spielminute. Für das ostdeutsche Regime, das handverlesene und linientreue Fans per Sonderzug nach Hamburg geschickt hatte, war dieser sensationelle Triumph über den Klassenfeind eine Genugtuung. Doch der Gruppensieg hatte für die DDR einen großen sportlichen Nachteil. Sie musste sich in der Zwischenrunde mit den Schwergewichten Brasilien, Argentinien und den Niederlanden auseinandersetzen, während die Bundesrepublik es „nur" mit Schweden, Polen und Jugoslawien zu tun bekam. Die DDR schied erwartungsgemäß aus, während sich die DFB-Auswahl ihren zweiten WM-Titel sicherte.

Es war die einzige Begegnung, die je zwischen den A-Nationalmannschaften beider deutscher Staaten stattfand.

LUCKY PUNCH

Das Finale der EM 1996 zwischen Deutschland und Tschechien ging in die Verlängerung.

Welche Regeländerung sorgte dafür, dass diese besonders spannend war?

Wer erzielte den deutschen Siegtreffer?

Die U-20-WM 1993 in Brasilien war das erste Turnier, bei dem das sogenannte Golden Goal (das erste Tor in der Nachspielzeit entscheidet das Spiel) zur Anwendung kam. Bei der EM 1996 wurde diese Regel auf den Seniorenbereich ausgeweitet. Man machte jedoch bald die Erfahrung, dass die Spiele in der Verlängerung meist unattraktiver wurden, weil die Risikobereitschaft der Teams aus Angst, den entscheidenden Treffer zu kassieren, deutlich abnahm. 2004 wurde das Golden Goal von der internationalen Regelkommission wieder abgeschafft.

Oliver Bierhoff, damals nur Ergänzungsspieler, war in der 69. Minute beim Stand von 0:1 für Mehmet Scholl ins Spiel gekommen. Vier Minuten später erzielte er per Kopf den Ausgleich, ehe er sein Team durch das Golden Goal zu Beginn der Nachspielzeit zum EM-Titel schoss.

SCHUSS INS GLÜCK

28. Mai 1997. Champions-League-Finale zwischen Borussia Dortmund und Juventus Turin. Zehn Sekunden nach seiner Einwechselung gelingt dem 20-jährigen Lars Ricken mit seinem ersten Ballkontakt ein echtes Traumtor.

Welcher Spieler hatte den BVB in der ersten Halbzeit mit zwei Toren in Führung gebracht?

Wie hieß der damalige Cheftrainer von Borussia Dortmund?

Der Treffer von Lars Ricken zum 3:1 wurde zum „Tor des Jahres" 1997 und von den Dortmunder Anhänger*innen zum „BVB-Tor des Jahrhunderts" gewählt. Karl-Heinz „Kalle" Riedle hatte mit einem fulminanten Schuss und einem wuchtigen Kopfball die 2:0-Halbzeitführung im Finale besorgt, ehe Alessandro Del Piero in der 64. Minute der zwischenzeitliche Anschlusstreffer gelang.

Ottmar Hitzfeld hatte 1991 die Nachfolge von Horst Köppel als Dortmunder Trainer angetreten. In den Jahren 1995 und 1996 führte er die Borussen zu zwei Meisterschaften nacheinander sowie 1997 zum Triumph in der Champions League. Bis heute ist Hitzfeld der einzige Trainer, der sich mit zwei verschiedenen Teams aus demselben Land die europäische Krone aufsetzte. Nach dem BVB gelang ihm dies 2001 mit dem FC Bayern.

EIN SPIEL DAUERT LÄNGER ALS 90 MINUTEN

Die 1:2-Niederlage des FC Bayern in der Nachspielzeit des Champions-League-Endspiels 1999 gegen Manchester United gilt als eine der bittersten Stunden in der Vereinsgeschichte der Münchner.

Die Tore der Engländer fielen durch Eckstöße. Wer trat diese in beiden Fällen?

Welcher Spielerwechsel des FC Bayern wurde später als mitentscheidend für die Niederlage angesehen?

Nachdem die Münchner bereits in der 5. Spielminute durch einen Freistoß von Mario Basler in Führung gegangen waren, diktierten sie 90 Minuten lang das Spielgeschehen und hatten die größeren Torchancen. Mehmet Scholl scheiterte elf Minuten vor Schluss am Pfosten, Carsten Jancker setzte kurz darauf einen Fallrückzieher an die Latte. Der Ecken- und Freistoßspezialist David Beckham war es, der in der Nachspielzeit zwei Ecken hereinbrachte, die von Teddy Sheringham und Ole Gunnar Solskjær verwandelt wurden.

Der angeschlagene Libero und Abwehrchef Lothar Matthäus wurde in der 80. Minute vom Feld genommen, nachdem er zuvor von David Beckham rüde gefoult worden war. Mit ihm wäre das späte Debakel womöglich ausgeblieben.

EIN ZWEITES WEMBLEYTOR

Der englische Distanzschütze fasste sich mit beiden Händen an den Kopf. Superstar Wayne Rooney beschimpfte den Schiedsrichter in der Halbzeitpause. Wohl selten ist ein so klarer Treffer aberkannt worden, wie im WM-Achtelfinale zwischen Deutschland und England 2010 in Johannesburg.

Wie hieß der verhinderte englische Torschütze?

Welcher deutsche Spieler sorgte mit einem Doppelpack für den 4:1-Endstand?

Der schussgewaltige Frank Lampard, der 13 Jahre lang für den FC Chelsea spielte und später Trainer desselben Klubs war, hatte beim Stand von 2:1 für Deutschland von der Strafraumgrenze abgezogen. Der Ball prallte von der Latte deutlich hinter die Torlinie und von dort aus erneut gegen die Latte, ehe Manuel Neuer sich das Spielgerät sichern konnte. Der uruguayische Schiedsrichter Jorge Larrionda, der dem Treffer die Anerkennung verweigerte, wurde bei dieser WM nicht mehr eingesetzt. Einen Videobeweis gab es damals noch nicht.

Nachdem Miroslav Klose und Lukas Podolski für die 2:0-Führung gesorgt hatten, erhöhte Thomas Müller durch zwei Kontertore in der 67. und 70. Spielminute auf 4:1. Müller wurde am Ende Torschützenkönig und zudem zum besten jungen Spieler des Turniers gekürt.

BESSER ALS MESSI?

„Mach ihn! Mach ihn! Er macht ihn! Mario Götzeeeee!“
Diese Worte schrie ARD-Kommentator Tom Bartels ins Mikrofon, als Mario Götze bei der WM 2014 der Siegtreffer von Rio gelang. Kurz darauf war Deutschland zum vierten Mal Weltmeister geworden.

Zum wievielten Mal trafen Deutschland und Argentinien in einem WM-Finale aufeinander?

Für wen war der Siegtorschütze Mario Götze in der 88. Minute aufs Feld gekommen?

Nach 1986 und 1990 war es das dritte Aufeinandertreffen der beiden Mannschaften in einem WM-Finale. Keine andere Paarung hatte es bis dahin so oft gegeben. Bei der WM in Mexiko 1986 setzten sich die Südamerikaner durch, bei den anderen beiden Endspielen behielt Deutschland die Oberhand.

Mario Götze wurde kurz vor Ende der regulären Spielzeit für Miroslav Klose eingewechselt, nachdem Trainer Jogi Löw ihm die legendären Worte „Zeig der Welt, dass du besser bist als Messi" mit auf den Weg gegeben hatte. Und zumindest in diesem Finale sollte er es zeigen. Sein Siegtor in der 113. Minute auf Zuspiel von André Schürrle war ein Kabinettstück: Ballannahme und -mitnahme, Drehung und Abschluss erfolgten in einer einzigen fließenden Bewegung. In der ARD-Sportschau wurde es zum „Tor des Jahrzehnts" gewählt.